MW01226679

Made in the USA
Middletown, DE
08 June 2023

32294344R00062